What Is It Like

to Be

a Bat?

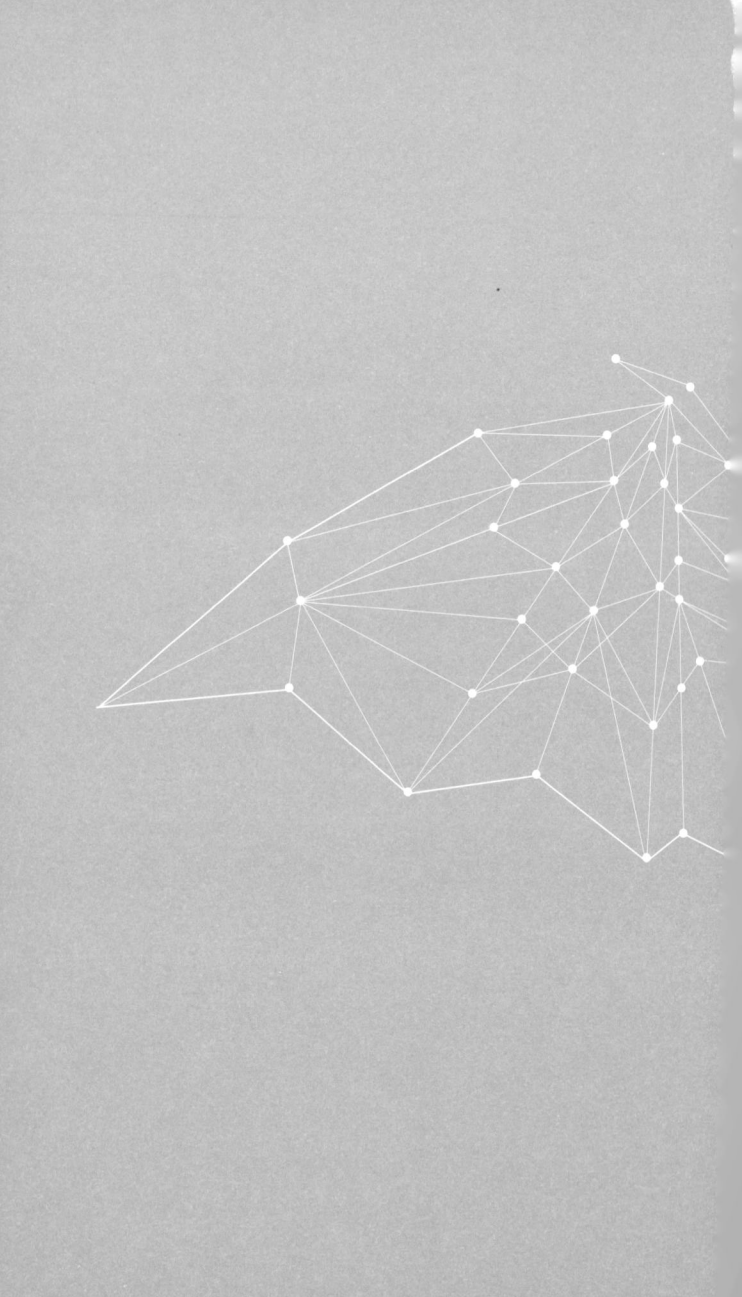

Thomas Nagel

[美]托马斯·内格尔 著

张卜天 译

人民大学出版社

作为一只蝙蝠是什么样？

What Is It Like
to Be
a Bat?

著作权合同登记号 图字 01-2025-1430

© Oxford University Press 2024

What Is It Like to Be a Bat? was originally published in English in 2024. This translation is published by arrangement with Oxford University Press. People's Literature Publishing House is solely responsible for this translation from the original work and Oxford University Press shall have no liability for any errors, omissions or inaccuracies or ambiguities in such translation or for any losses caused by reliance thereon.

图书在版编目（CIP）数据

作为一只蝙蝠是什么样？／（美）托马斯·内格尔著；张卜天译. -- 北京：人民文学出版社，2025. -- ISBN 978-7-02-019205-2
Ⅰ．B-49
中国国家版本馆 CIP 数据核字第 2025JP7370 号

责任编辑　汪　徽
装帧设计　李思安
责任印制　宋佳月

出版发行　人民文学出版社
社　　址　北京市朝内大街166号
邮政编码　100705

印　　刷　河北盛世彩捷印刷有限公司
经　　销　全国新华书店等

字　　数　23千字
开　　本　787毫米×1092毫米　1/32
印　　张　2.75　插页1
印　　数　1—6000
版　　次　2025年6月北京第1版
印　　次　2025年6月第1次印刷

书　　号　978-7-02-019205-2
定　　价　39.00元

如有印装质量问题，请与本社图书销售中心调换。电话：010-65233595

目 录

前言   1

1. 作为一只蝙蝠是什么样?   1
2. 进一步的思考: 心理物理关联   35

注释   63

前　言

50年前,《作为一只蝙蝠是什么样?》发表在《哲学评论》(*The Philosophical Review*, 1974年10月)上。在这篇文章中,我试图表明,意识的不可还原的主观性是心身问题的诸多解决方案的障碍。自那以后,意识逐渐成为哲学、心理学和神经科学讨论的一个核心话题,其独特性所引出的特殊问题也受到了广泛关注。关于如何处理这些问题，目前还没有达成一致意见：一些人认为，可将意识纳入一种唯物论的世界观；而包括我在内的另一些人则认为，意识的实在性意味着物理科学对自然秩序的描述是不完整的；还有一些人认为，如果我们日常的意识概念与唯物论不相容，那么就不得不抛弃或修改它。

也许是因为通过一个特别生动的例子提出了这个问题，这篇文章已经成为许多这类争论及由此产生的理论的标准参考文献。20世纪70年代初，我在宾夕法尼亚州的乡下有一所房子，蝙蝠在其木建部分筑巢。黄昏时分，它们会出来觅食，但偶尔会有一只迷路，最终进入房子，给我一种与陌生生物亲密接触的惊恐体验。我想蝙

前 言

蝠也有同样的感觉。

对蝙蝠的思考成为我持续反思心身问题的一部分,并有助于提供一种新的方式来引出问题。通过指出某种我们不知道也不可能知道的关于蝙蝠经验的东西——即对于蝙蝠来说是什么样——即使我们可以确信我们不知道的东西是真实的,我也希望人们认识到,蝙蝠的心灵并不只是我们通过观察原则可以获得的那种生理描述或行为描述所能把握的东西。通过解释为什么我们无法理解蝙蝠经验这一特征,我希望明确说明其关键的、本质上主观的特征。[1]

这篇文章被认为有助于对心身问题的讨论,而关于蝙蝠的观点只是主要结论(即意识的主观性阻碍了将心理还原为身体）论证过程中的一个辅助步骤。但蝙蝠开始有了自己的生命，并成为同一时期逐渐显著的另一个讨论领域——动物意识——的标准参考物。碰巧的是，我可能以另一种方式帮助这个话题在科学上受到了尊重。1973年至1974年，我访问了洛克菲勒大学，其中一位杰出人物是发现蝙蝠回声定位的动物学家唐纳德·格里芬（Donald Griffin）。他欣然同意与我会面，我们不仅讨论了蝙蝠，而且讨论了一般的动物意识，还讨论了生物学家和心理学家不愿谈论这一点，甚至连承认这一点都不情不愿。他开始相信这是一个重要且被忽视的主题，于是写了《动物意识问题》（*The Question of Animal*

前 言

Awareness）一书[2]，对人们认真对待这一主题产生了重要影响。如今，该领域已经发展到不仅对哺乳动物和鸟类，而且对鱼类、软体动物和昆虫的意识和认知进行广泛研究的程度。

我的文章有时会遭到误解，人们认为它是在声称，由于意识的主观性超出了客观物理科学的范围，所以完全超出了科学理解的范围。恰恰相反，我认为它表明，不应把科学理解局限于那种基于共同观察的客观外部实在理论，这是物理科学的典型特征。意识的实在性要求扩展我们的科学思想，以容纳不符合物理客观性概念的东西。

我在文章的最后提到了这一点，并且

建议了一种客观现象学，但在文章发表后的若干年里，我继续思考心身问题，试图设想如果认真对待意识的主观性，那么正面的解决方案会是什么样子。对于那些可能感兴趣的读者，我在本书中加入了一篇这样的论述作为第二篇文章，它是我在意识科学研究协会2023年年会上的讲演。这一想法在一篇更长的文章《心理物理关联》（The Psychophysical Nexus）中得到了更充分的阐述，该文可见于我的《隐藏与暴露及其他论文》（*Concealment and Exposure and Other Essays*，牛津大学出版社，2002）[3]一书。虽然必定是试探性和极具思辨性的，但它表达了一种我仍然认为有希望的立场。

前　言

　　《蝙蝠》一文的历久弥新和持续的突出地位促使我将它放在这本小书中重新出版。它所引出的问题仍然存在。

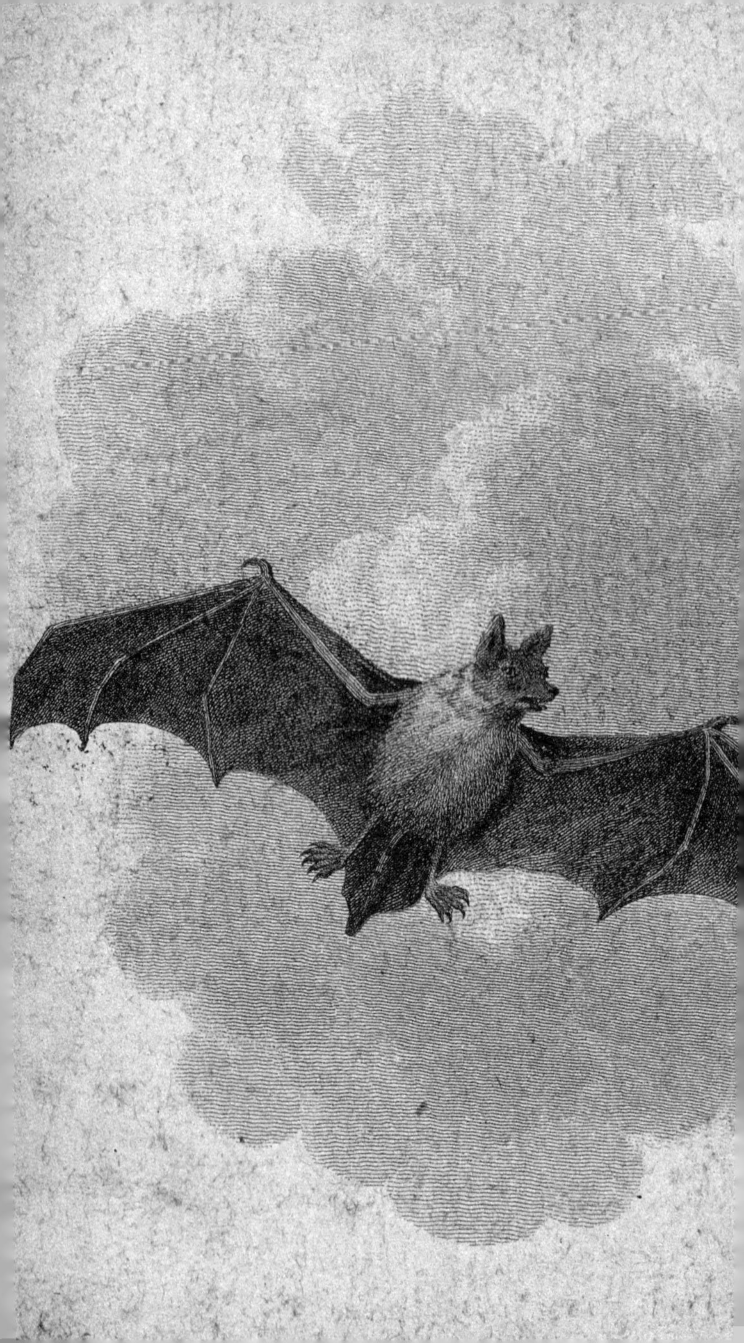

1.
作为一只蝙蝠是什么样?

　　意识使心身问题变得非常棘手。也许正因如此,目前对这个问题的讨论很少关注意识,或者明显把它搞错了。最近还原论者欢欣鼓舞,情绪高涨,对心理现象和心理概念作了若干次分析,旨在解释某种唯物论、心理物理同一或还原的可能性。[1]

但他们所讨论的问题乃是诸如此类的还原所共有的问题,而使心身问题变得独一无二,使其区别于水-H_2O问题、图灵机-IBM机问题、闪电-放电问题、基因-DNA问题或橡树-碳氢化合物问题的东西,却被忽视了。

每一位还原论者都有他最喜欢的现代科学类比。这些不相关的成功还原的例子都不大可能揭示心灵与大脑的关系。但哲学家也有一般的人类弱点,即用熟悉和好理解的东西来解释无法理解的东西,尽管它们完全不同。这已导致人们接受了对于心理的并不可信的解释,主要是因为这些解释允许进行熟悉的还原。我将试图说明,为什么通常的例子并不能帮助我们理解心

1. 作为一只蝙蝠是什么样？

灵与身体之间的关系 —— 事实上，为什么我们目前还不知道对心理现象的物理本性能做什么样的解释。没有意识，心身问题就不那么有趣了。而有了意识，心身问题似乎就没有解决的希望。我们对于意识心理现象最重要和最典型的特征还知之甚少。大多数还原论理论甚至并不试图解释它。仔细考察就会发现，目前可用的还原概念都不适用于它。也许可以为此设计一种新的理论形式，但这样的解决方案即使存在，也只能存在于遥远的知识未来。

意识经验是一种广泛存在的现象。它出现在动物生命的许多层面，尽管我们无法确定它是否存在于更简单的生物中，而且很难笼统地说是什么为它提供了证据。

（一些极端主义者甚至想否认人以外的哺乳动物具有意识经验。）毫无疑问，意识经验以无数种我们完全无法想象的形式出现在宇宙中其他太阳系的其他行星上。但无论形式如何变化，一个生物具有意识经验，这一事实从根本上说就意味着，存在某种"作为那个生物是什么样"的感觉。它也许对这种经验的形式有进一步的暗示；甚至可能（尽管我表示怀疑）对该生物的行为有所暗示。但从根本上说，当且仅当作为那个生物是什么样 —— 对于那个生物来说是什么样的感觉存在，一个生物才具有意识心理状态。

我们可以把这称为经验的主观性。它不能被任何熟悉的、最近设计的对心理的还

1. 作为一只蝙蝠是什么样?

原分析所把握,因为所有这些分析在逻辑上都与它的缺失是相容的。我们不能通过任何功能状态或意向状态的解释系统来分析它,因为可以把这些状态归于机器人或自动机,它们能做出像人一样的行为,却没有经验任何事情。[2]出于类似的理由,我们也不能通过与典型的人类行为相关的经验因果作用来分析它。[3]我并不否认意识心理状态和事件会引起行为,也不否认可以对其进行功能刻画。我只是否认这类东西会穷尽对它们的分析。任何还原论程序的基础,都是对它所要还原的东西的分析。如果分析有所遗漏,就会错误地提出问题。如果把对唯物论的辩护建立在对心理现象的某种分析上,而这种分析又未能明确处理这些现象的主观性，那是没有用的。因为没有理由认为，一种看似合理的还原，在没有尝试对意识做出解释的情况下，就可以扩展到把意识包括在内。因此，如果不知道经验的主观性是什么，我们就不可能知道对物理主义理论有什么要求。

虽然对心灵的物理基础的解释必须说明许多事情，但这一点似乎是最困难的。不可能从还原中排除经验的现象学特征，就像从一种普通物质的物理或化学还原中排除其现象学特征一样——也就是把它解释为对人类观察者心灵的影响。[4]要想为物理主义辩护，就必须对现象学特征本身做出物理解释。但是当我们考察它们的主观

1. 作为一只蝙蝠是什么样?

性时,这样的结果似乎是不可能的。原因在于,每一个主观现象本质上都与某一视角有关,而一种客观的物理理论似乎不可避免会放弃那个视角。

首先,让我试着更全面地阐述这个问题,而不是仅仅提及主观与客观之间的关系,或自为(pour-soi)与自在(en-soi)之间的关系。这绝非易事。关于作为一个 X 会是什么样的事实是非常特别的,特别到有人可能会怀疑其真实性,或者关于它们的说法的含义。为了说明主观性与某个视角之间的联系,并且表明主观性的重要性,用一个例子也许有助于探讨这个问题,它将清楚地揭示主观与客观这两类概念之间的差异。

作为一只蝙蝠是什么样?

我假定我们都相信蝙蝠具有经验。毕竟,它们是哺乳动物,而且与老鼠、鸽子或鲸具有经验相比,我们对蝙蝠具有经验并无更多怀疑。我之所以选择蝙蝠而不是选择黄蜂或比目鱼,是因为如果沿着系统发育树走得太远,我们就会逐渐失去对那里存在经验的信念。虽然蝙蝠与我们的关系比那些物种更近,但它们的活动范围和感觉器官与我们的大不相同,因而使我想要提出的问题显得非常生动(虽然对其他物种肯定也可以提出这个问题)。即使不借助于哲学反思,任何人只要在封闭空间里与一只活跃的蝙蝠待上一阵,都会知道遇到一种完全陌生的生命形态是什么样子。

我说过,相信蝙蝠具有经验的实质在

1. 作为一只蝙蝠是什么样?

于,存在某种作为蝙蝠是什么样的感觉。现在我们知道,大多数蝙蝠(准确地说是小蝙蝠亚目)主要通过声呐或回声定位来感知外部世界,它们发出快速的、微妙调节的高频尖叫,然后探测可及范围内的物体发出的反射。蝙蝠的大脑结构能将发出的脉冲与随后的回声联系起来,由此获得的信息使蝙蝠能够精确地辨别距离、尺寸、形状、运动和质地,类似于我们通过视觉所做的辨别。然而,蝙蝠的声呐虽然显然是一种感知形式,但其运作方式与我们所拥有的任何感官都不相似,也没有理由认为它在主观上与我们所能经验或想象的任何事物相似。这似乎给作为一只蝙蝠是什么样这一概念带来了困难。我们必须考虑是否有任何方法可以让我们从我们自己的情况推断蝙蝠的内心生活，[5]如果没有，还有什么方法可以理解这个概念。

  我们自己的经验为我们的想象提供了基本材料，因此想象的范围是有限的。试图想象某人手臂上有蹼，因而能在黄昏和黎明嘴里叼着昆虫四处飞翔；或者某人视力很差，凭借一种高频声音信号的反射系统感知周围的世界；或者某人整天双脚倒挂在阁楼里，这些都无济于事。在我能想象的范围里（这并不遥远），它只是告诉我，如果我的行为像蝙蝠一样，那么对我来说会是什么样。但这并非问题所在。我想知道的是，作为一只蝙蝠对蝙蝠来说是什么样。然而，如果我试图想象这一点，我就被限

1.作为一只蝙蝠是什么样

制在我自己心灵的能力中,而这些能力不足以完成这项任务。为了完成这项任务,我既不能想象对我目前的经验进行增加或逐渐减少,也不能想象对其进行增加、减少和修改的某种组合。

即使在不改变基本构造的情况下,我的外表和行为像一只黄蜂或蝙蝠,我的经验也不会与那些动物的经验有丝毫相像。另一方面,我应当具有蝙蝠的内部神经生理构造这一假设是否有任何意义,这是值得怀疑的。即使我可以逐渐变成一只蝙蝠,以我目前的构造,我也无法想象这样一个变形后的我的未来阶段的经验会是什么样。如果我们知道蝙蝠的经验是什么样,就能从中得到最好的证据。

因此，如果从我们自己的情况推断作为一只蝙蝠是什么样，那么这种推断一定是不完整的。我们只能对它是什么样形成一种示意性的观念。例如，我们可以根据这种动物的结构和行为将一般的经验类型归于它。于是，我们将蝙蝠声呐描述为一种三维前向感知形式；我们相信蝙蝠能够感觉某些种类的疼痛、恐惧、饥饿和欲望，除了声呐，它们还有其他更常见的感知方式。但我们相信，这些经验也各自具有一种特定的主观性，这是我们所无法想象的。如果宇宙中的其他地方存在有意识的生命，那么其中一些生命可能甚至无法用我们最一般的经验术语来描述。[6]（然而，这个问题并不局限于外来的陌生情况，因为它也

1. 作为一只蝙蝠是什么样?

存在于人与人之间。例如,我无法理解一个先天聋人或盲人的经验的主观性,他大概也无法理解我的经验的主观性。这并不妨碍我们每个人都相信对方的经验具有这种主观性。)

如果有人倾向于否认:我们可以相信这样的事实存在,而这些事实的确切性质是我们无法想象的;那么他应该想到,我们在考虑蝙蝠时,处境与聪明的蝙蝠或火星人[7]试图构想"作为我们是什么样"时的处境大致相同。它们的心灵结构也许使它们无法获得成功,但我们知道,如果它们断言,作为我们没有任何确切的样子:只有某些一般类型的心灵状态可以归于我们(感知和食欲也许是我们共同的概念,也许不是），那它们就错了。我们知道它们得出这样一个怀疑的结论是错误的，因为我们知道作为我们是什么样。而且我们知道，虽然它包含大量变化和复杂性，虽然我们没有足够的词汇来充分描述它，但其主观性非常明确，在某些方面可以用只有像我们这样的生物才能理解的术语来描述。事实上，我们不能指望用我们的语言对火星人或蝙蝠的现象学进行详细描述，但我们不能由此认为，说蝙蝠和火星人的经验在细节的丰富性上与我们自己的经验完全相当是毫无意义的。如果有人能提出概念和理论，使我们能够思考这些事情，那固然不错，但我们受本性的限制可能永远无法达到这样一种理解力。而否认我们永远无法

1. 作为一只蝙蝠是什么样?

描述或理解的东西的实在性或逻辑意义,乃是认知失调的最原始的形式。

这就把我们带到了一个话题的边缘,即事实与概念图式或表述系统之间的关系,它需要作更多讨论,这里我无法详细论述。我关于各种形式的主观领域的实在论意味着相信存在人类概念所无法把握的事实。当然,可以相信,对于某些事实,人们永远不会拥有表述或理解它们所必需的概念。事实上,考虑到人类期望的有限性,怀疑这一点是愚蠢的。毕竟,即使在康托尔(Cantor)发现超限数之前,每个人都被黑死病消灭了,超限数也会存在。但人们也可以认为,即使人类永远存在,有些事实也绝不可能被人类表述或理解 —— 仅仅是因为我们的结构不允许我们使用必需的那类概念。这种不可能性甚至可能被其他生物观察到，但尚不清楚这些生物的存在，或其存在的可能性，是否是存在人类无法理解的事实这一假设的意义前提。（毕竟，能够接触人类无法理解的事实的生物，其性质本身，大概也是一个人类无法理解的事实。）因此，思考作为一只蝙蝠是什么样似乎使我们得出结论说，有些事实并不在于可以用人类语言表达的命题的真实性。我们可能无法陈述或理解这些事实，却不得不承认这些事实的存在。

不过，我不打算继续讨论这个问题。它与我们当前主题（即心身问题）的关系是，它使我们能对经验的主观性做出一般性的

1. 作为一只蝙蝠是什么样？

评论。无论作为一个人、一只蝙蝠或一个火星人是什么样的事实处于何种地位，这些事实似乎都体现了一种特定的视角。

　　这里我并不是在谈论经验对于其拥有者的所谓私密性。此处所讨论的视角并非只有单个个体才具有。毋宁说，它是一个类。一个人往往可能持有不同于自己的视角，因此对这些事实的理解并不限于他自己的情况。在某种意义上，现象学的事实是完全客观的：一个人可以知道或说出另一个人的经验是什么性质。然而，它们是主观的，因为即使是这种客观的经验归属，也只有与归属对象足够相似的人才能采取他的视角，即理解第一人称和第三人称的归属。其他经验者与自己差异越大，就越不可能取得成功。就我们自己的情况而言，我们占据了相关的视角，但如果我们从另一个视角来看待自己的经验，就像我们试图理解另一个物种的经验而不采取它的视角一样，我们将很难正确理解我们自己的经验。[8]

这与心身问题直接相关。因为如果经验事实——关于正在经验着的生物是什么样的事实——只有从一个视角才能理解，那么经验的真正特性如何在该生物的物理运作中显示出来就是一个谜。后者是一个**典型的**客观事实领域，可以由具有不同感知系统的个体从多个视角进行观察和理解。在获得有关蝙蝠的神经生理学知识方面，人类科学家并不存在类似的想象障碍，聪

1. 作为一只蝙蝠是什么样?

明的蝙蝠或火星人也许比我们更了解人的大脑。

这本身并不是反对还原的论据。一个不了解视觉感知的火星科学家可能理解作为物理现象的彩虹、闪电或云,但他永远无法理解人类关于彩虹、闪电或云的概念,也无法理解这些东西在我们现象世界中占据的位置。这些概念所区分出的事物的客观性之所以可能被他理解,是因为尽管这些概念本身与某一特定视角和特定的视觉现象学关联在一起,但从该视角理解的事物却并非如此:它们可以从该视角观察到,但却在视角之外;因此,它们也可以从其他视角来理解,无论是被相同的生物还是被其他生物。闪电具有一种不会被其视觉现象所穷尽的客观性,这可以由一个没有视觉的火星人来研究。确切地说,它具有一种比其视觉现象所揭示的**更为客观**的特征。在谈到从主观刻画到客观刻画的转变时,我希望对终点(即事物完全客观的内在性)是否存在持不置可否的态度,人们可能达到也可能无法达到这种完全客观的内在性。将客观性视为理解力可以前进的方向也许更为准确。在理解闪电这样的现象时,尽可能地远离严格的人类视角是合理的。[9]

另一方面,就经验而言,与某一特定视角的联系似乎要密切得多。除了主体看待经验的特定视角,很难理解经验的**客观性**意味着什么。毕竟,如果离开蝙蝠的视角,谈论作为蝙蝠是什么样还有什么意义

1. 作为一只蝙蝠是什么样?

呢?但如果除了主观性,经验并没有一种可以从多个不同视角来理解的客观性,那么又如何能够认为一个研究我大脑的火星人也许只是从一个不同的视角来观察本是我心理过程的物理过程(就像他可以观察闪电的物理过程那样)呢?而且就此而言,一位人类生理学家又如何能从另一个视角观察它们呢?[10]

我们似乎面临着一个关于心理物理还原的普遍困难。在其他领域,还原的过程是朝着更客观的方向、朝着更准确地看待事物的真实本性迈进。要想实现这一点,就必须减少我们对研究对象的个人或人类的特定视角的依赖。我们不是通过它对我们感官所造成的印象来描述它,而是通过它更一般的影响和可用人类感官以外的方式来查明的特性来描述它。它越不依赖于特定的人类视角，我们的描述就越客观。走这条道路之所以是可能的，是因为尽管我们在思考外部世界时所使用的概念和观念最初是从与我们的感知器官有关的视角而被运用的，但我们用它们来指称超出其自身的事物，我们对这些事物拥有现象视角。因此，我们可以放弃这个视角而支持另一个视角，但仍然在思考同样的事物。

然而，经验本身似乎并不符合这种模式。从现象到实在的观念在这里似乎没有意义。在这种情况下，为了追求对同一现象更客观的理解，放弃对其最初的主观视角，转而支持另一个更加客观但关注同一

1. 作为一只蝙蝠是什么样？

事物的视角，在这里有什么相似之处？当然，我们似乎不大可能通过抛弃我们人类视角的特殊性，努力用那些无法想象作为我们是什么样的生物所能理解的方式来进行描述，从而更接近人类经验的真实本质。如果经验的主观性只有从一个视角才能完全理解，那么任何朝着更大客观性的转变——即较少依附于某个特定视角——都不会使我们更接近现象的真实本质，而会使我们离它更远。

在某种意义上，在成功的还原案例中已经可以发现反对经验可还原性的种子，因为在发现声音实际上是空气或其他媒质中的一种波动现象时，我们放弃了一种视角而采取了另一种视角，而我们所放弃的人或动物的听觉视角仍然没有被还原。完全不同的两个物种的成员也许都可以客观地理解相同的物理事件，这并不要求它们理解这些事件在其他物种成员感官上显现的现象形式。因此，它们指称一种共同实在的一个条件是，它们更为特殊的视角并不是它们都理解的共同实在的组成部分。只有将人的特定视角从所要还原的东西中排除出去，还原才能成功。

不过，虽然我们在寻求更完整地理解外部世界时，将这一视角放在一边是正确的，但我们不能永远忽视它，因为它是内部世界的本质，而不仅仅是对它的一种视角。最近哲学心理学的新行为主义，大都源于力图用一种客观的心灵概念来取代真

1. 作为一只蝙蝠是什么样?

实的事物,以便不留下任何不可还原的东西。如果我们承认,必须由一种物理的心灵理论解释经验的主观性,那么就必须承认,没有一种现有的概念能够提示我们如何可能做到这一点。这个问题非常独特。如果心理过程确实是物理过程,那么从本质上讲,[11]经历某些物理过程会有某种感觉。这种事情到底是怎么回事仍然是个谜。

从这些思考中可以引出哪些教益? 接下来又该做什么呢? 断言物理主义一定错误并不对。物理主义假说对心灵做出了一种错误的客观分析,这些假说的不适当并不能证明什么。更正确的说法是,物理主义是一种我们无法理解的立场,因为我们目前对它如何可能是正确的没有任何概念。

也许有人认为,要求这样的概念作为理解的条件是不合理的。毕竟,也许可以说,物理主义的含义是足够清晰的:心理状态是身体的状态;心理事件是物理事件。我们不知道它们是什么物理状态和事件,但这并不妨碍我们理解这一假说。还有什么比"是"这个词更清晰的呢?

但我认为,欺骗性恰恰在于"是"这个词的这种表面上的清晰性。通常,当我们被告知 X 是 Y 时,我们知道它如何被认为是真的,但这依赖于一种概念背景或理论背景,而不仅仅由"是"来传达。我们知道"X"和"Y"是如何指称的,以及它们指称的事物种类,我们大致知道这两条指称路径如何会合到一个事物上,无论它是一个

1.作为一只蝙蝠是什么样?

物体、一个人、一个过程、一个事件还是其他什么东西。然而,当被视为同一的这两个词项非常不同时,它如何可能为真也许就不那么清楚了。我们甚至可能完全不知道这两条指称路径是如何会合的,或者会合到什么事物上,为了使我们能够理解这一点,也许不得不提供一个理论框架。如果没有这个框架,一种神秘主义的气氛将会笼罩在同一性周围。

这就解释了对基础科学发现的通俗表述为何会有一种魔法味道,这些发现是作为命题提出的,人们即使没有真正理解也必须认同这些命题。例如,人们很小的时候就被告知,一切物质实际上都是能量。然而,尽管他们知道"是"是什么意思,但其中大多数人从未想过这一说法为何是正确的，因为他们缺乏理论背景。

目前，物理主义的状况就类似于"物质是能量"这一假说若由前苏格拉底哲学家提出所处的状况。我们根本不知道它如何可能为真。为了理解"心理事件是物理事件"这一假说，我们需要的不仅仅是对"是"这个词的理解。我们不知道心理术语和物理术语如何可能指称同一事物，与其他领域中理论同一性的通常类比也无法提供解释。它们之所以无法提供解释，是因为如果我们按照通常的模型来理解心理术语对物理事件的指称，我们要么使单独的主观事件作为结果得以再现，这些结果保证了对物理事件的心理指称，要么得到了一种关于

1. 作为一只蝙蝠是什么样?

心理术语如何指称的错误解释(例如一种因果行为主义的解释)。

非常奇怪,对于我们无法真正理解的东西,我们却可能具有证明它为真的证据。假设一只毛毛虫被某个不熟悉昆虫变态的人锁在一个无菌的保险柜里,几周后保险柜被重新打开,出现了一只蝴蝶。如果这个人知道保险柜一直处于关闭状态,他有理由相信这只蝴蝶就是或者曾经是那只毛毛虫,而不知道在什么意义上可能是如此。(一种可能性是,毛毛虫体内含有一种有翼的小寄生虫,此寄生虫吃掉了毛毛虫并长成了蝴蝶。)

可以想象,我们在物理主义方面就处于这样的情况。唐纳德·戴维森(Donald

Davidson）指出，如果心理事件有物理的原因和结果，那么它们必定有物理描述。他认为，我们有理由相信这一点，即使我们没有（事实上也不可能有）一种一般的心理物理理论。[12] 他的论证适用于意向性的心理事件，但我认为我们也有理由相信感觉是物理过程，尽管无法理解其原理。戴维森的观点是，某些物理事件具有不可还原的心理属性，也许某些能以这种方式描述的观点是正确的。但我们现在所能形成的任何概念都与之不符，我们也不知道能使我们想象它的理论会是什么样。[13]

关于"经验具有客观性"是否有意义这个基本问题（这里可以完全不提大脑），人们还几乎没有做什么研究。换句话说，问

1. 作为一只蝙蝠是什么样?

我的经验实际是什么样,而不是问它们如何对我显示,这有意义吗?除非我们理解它们具有一种客观性(或客观过程可以具有一种主观性)这一更基本的概念,否则我们无法真正理解一种物理描述可以把握它们的性质这一假说。[14]

最后,我想提出一个思辨性的建议。也许可以从另一个方向来看待主观与客观之间的鸿沟。暂时抛开心灵与大脑之间的关系,我们可以更客观地理解心理本身。目前,我们完全没有能力在不依赖想象(不采取经验主体的视角)的情况下思考经验的主观性。应当把这看成一种挑战,要求形成新的概念,设计新的方法 —— 一种不依赖于移情或想象的客观现象学。虽然它大概不可能把握所有的一切，但其目标将是，以一种无法拥有这些经验的生物可以理解的方式，至少在部分程度上描述经验的主观性。

我们必须提出这样一种现象学来描述蝙蝠的声呐经验，但从人开始也是可能的。例如，有人也许会尝试提出一些概念，用来向天生失明的人解释看是怎么回事。也许最终会遇到无法克服的障碍，但设计一种比我们目前客观得多也精确得多的表达方法应当是可能的。在关于这一主题的讨论中出现的多种形式之间的不严谨类比——例如，"红色就像喇叭的声音"——并没有什么用处。任何既听过喇叭声又见过红色的人都应该清楚这一点。但感知的结构特征也许更容易进行客观描述，即使会遗

1. 作为一只蝙蝠是什么样?

漏一些东西。与我们以第一人称学习的概念不同的概念甚至可能使我们理解自己的某些经验,我们原先之所以未能理解这些经验,恰恰是因为主观概念所提供的描述过于简单和缺乏距离。

除了其自身的考虑,一种在这个意义上客观的现象学也许会使关于经验的物理[15]基础的问题具有一种更容易理解的形式。主观经验中允许作这种客观描述的一些方面,也许是一种更加熟悉的客观解释的更好候选者。但无论这种猜想是否正确,在对主观与客观这个一般问题做出更多思考之前,似乎不大可能考虑任何关于心灵的物理理论。否则的话,不避开它我们甚至无法提出心身问题。

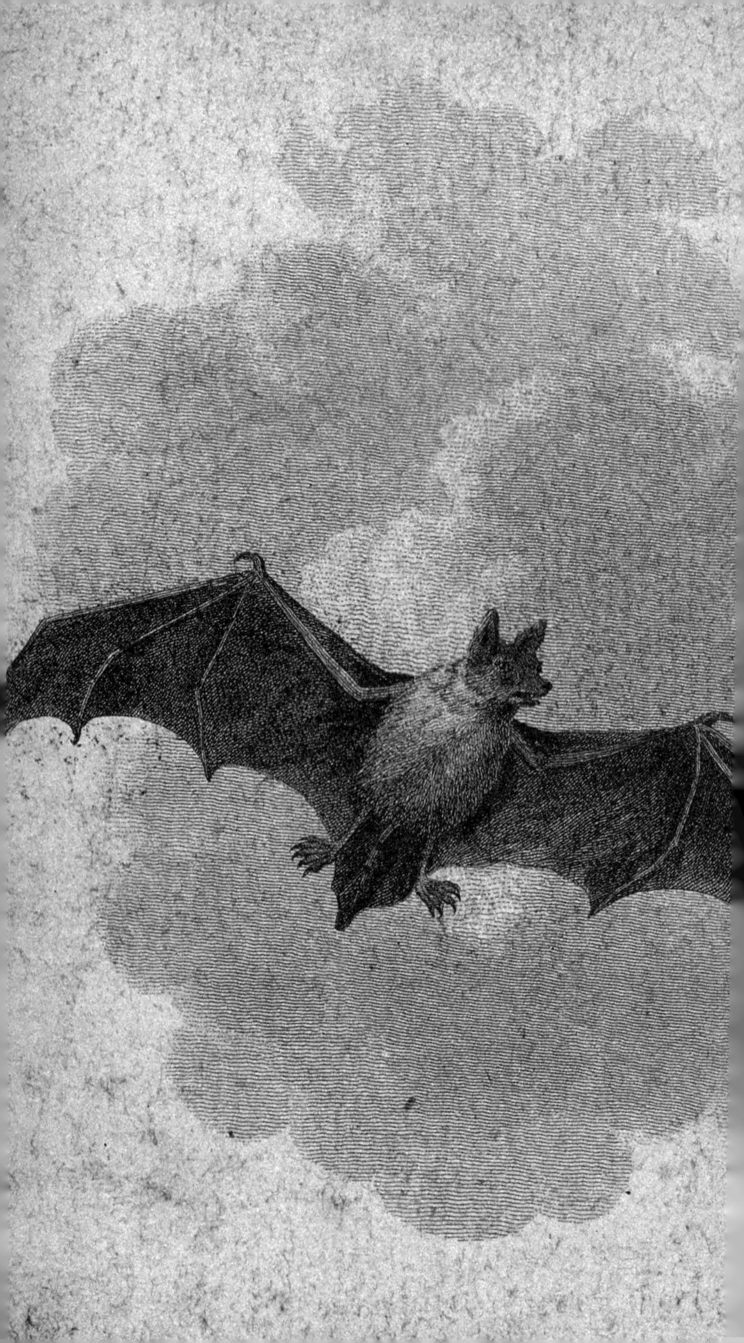

2.
进一步的思考：
心理物理关联

　　我认为我们自然语言的概念框架是二元论的。它区分了心理事件和物理事件及属性，虽然认识到它们之间存在许多系统性的联系，但也明确暗示它们绝不是一样的 —— 它们在种类上是不同的。物理现象是时空秩序的一部分，可以通过感知来观察。心理现象在个人主体的视角中显现，无法被另一个主体从外部感知到。然而，物理对象和物理现象并没有一个视角。

这种概念二元论是从哲学上论证形而上学二元论的基础。它可以追溯到笛卡尔：我们可以清晰地设想没有心灵的身体存在，或者没有身体的心灵存在。我们也可以清晰地设想一个在行为、生理和化学上与你我没有区别的物理生物，但它没有内在的、主观的心灵生活——在技术的、哲学的意义上，它是一个僵尸。如果我们把可以清晰设想的东西当作可能之物的证据，那么这似乎表明其中一方确实可以在没有另一

2. 进一步的思考：心理物理关联

方的情况下存在。这意味着，在普通人那里，心理是物理之外的东西，不同于物理的任何部分。至于它是一个额外的东西，抑或仅仅是一组额外的属性，则是另一个问题。

这种形而上学二元论一直受到强烈抵制，主要是通过否认衍生出它的概念二元论。吉尔伯特·赖尔（Gilbert Ryle）、斯马特（J.J.C. Smart）、希拉里·普特南（Hilary Putnam）等许多分析传统的哲学家都试图以不同的方式证明，我们心理概念的外表是误导性的，恰当的分析将会表明，它们并不意味着存在任何不属于物理世界的东西。所有这些候选分析都涉及将心理还原为物理，要么是通过行为倾向或所谓的"功能角色"(即一种心理状态在一个负责调节生物与环境相互作用的复杂内部状态因果网络中的典型位置)来定义心理概念,要么并非提供一个定义,而是对我们运用心理概念的可公开观察条件——在日常语言中运用或断言心理概念的行为环境标准——进行描述。

如果这种还原论分析取得成功,那么它将表明,我们可以设想没有身体的心灵或哲学僵尸的想法是一种幻觉,因为这在概念上是不可能的。但我认为所有这些分析都是失败的,因为一个生物符合任何行为、功能、生理或化学上的描述(无论多么复杂),与它毫无内在意识之间根本不存在矛盾。正如我在《作为一只蝙蝠是什么样?》

2. 进一步的思考：心理物理关联

中所说，任何纯粹物理、行为或功能上的分析都不涉及的特征，就是意识的不可还原的主观性——即从主体的角度来看，处于这种状态的感觉是什么。

然而，尽管我确信这种概念上的不可还原性，我仍然想抵制二元论——不仅是笛卡尔的有着单独灵魂的实体二元论，而且还有属性二元论，根据属性二元论的说法，有意识的生物具有不同于其所有物理属性和状态的心理属性和状态。我怀疑，不论我们的自然语言概念似乎暗示了什么，真相都在于某种形式的一元论。更具体地说，我怀疑意识心理属性及其神经生理学条件并非截然不同，而是某个东西不可分离的方面，对于这个东西，我们目前还没有一个概念，但我们自然的心理概念和物理概念都对它作了不完全和不充分的表述。

这是一种有着悠久哲学历史的立场，可以追溯到斯宾诺莎。它有时被称为中性一元论（neutral monism），有时也被称为双面论（dual aspect theory）。它意味着二元论的可设想性论证失败了，因为尽管心理与物理的关系是必然的，但我们不完整的概念使之看起来是偶然的。

与概念一元论相反，形而上学一元论的假说在经验上似乎很有吸引力。我们对意识与大脑之间经验关系的认识还处于起步阶段，但它似乎很自然地认为，如果没有物理条件，那么意识中什么也不会发生，

2. 进一步的思考:心理物理关联

而且这种关系是系统性的。每当我们在自然中观察到这种系统性的关联时,会很自然地根据对看似截然不同的现象的真实本性的更好理解来推测更深层次联系的可能性。

当然,如果我们目前的概念仍然是二元论的,那么在可预见的未来,关于意识与大脑之间关系的经验研究将会保持二元论的形式。也就是说,它将是关于主观心理现象的客观神经生理学条件或功能条件的研究。但我认为,我们同时应当怀有这样一种想法,即正确的理论可能需要超越或扩展我们目前的心理和物理概念,作为新的解释类型的一部分,这种新的解释表明,它们之间最基本的关系不是偶然的,而是必然的。

我想试着说明这意味着什么，以及思考这种理论的可能性如何指引研究方向。但我主要关注的问题是，这个想法是否有意义。我们不能通过定义来创造一个必然既是心理又是物理的属性或状态的概念，即一个既是心理又是物理的 X。那将只是一个语词创造，并不意味着这两个连接词不能分开存在。

这一概念只能作为一种解释性理论的一部分引入，以揭示这种关联的非偶然性。我们在物理科学中有这样的例子。事实证明，恒定体积下气体的温度与压强之间的关联并非两种截然不同的性质之间的偶然关系，而是一个必然真理，因为温度和压

2. 进一步的思考：心理物理关联

强都更深地基于气体分子的动能。当然，物理领域内的这种从宏观到微观的还原不能作为意识和大脑情况下的模型。

相反，我们必须愿意将心理和物理与某种东西等同起来，这种东西既不是通常意义上的心理之物，也不是通常意义上的物理之物，但必然以这两者作为其必不可少的方面。我认为，只有通过最佳解释推理法才能产生这样一个概念，其中待解释项既包括心理之物和物理之物，也包括它们之间的系统关联——一种扩展的自然秩序理论。

这一切都很抽象。不过，请让我以同样的思辨方式猜测一下我们有望发现的必然关联的类型。我坚持认为，在宏观层面，意识与物理输入和行为输出之间的熟悉关系是偶然的。但我相信，它们可以作为意识与神经生理学之间更深的非偶然关系的模型。也就是说，通过向内追溯它们的来源——熟悉的可观察的心理物理关联，这些关联是偶然的，因为它们是以感觉器官、感觉神经元、运动神经元、骨骼、肌肉、肌腱等为中介的，我们最终将会达到不再偶然的关联，因为这些关联是无中介的。

换言之，我认为意识经验与中枢神经系统中的基本行为表现类似——它们正是从内部感觉到的这些基本行为表现的直接原因。这将把待解释项的形式当作解释形式的线索，同时认为看似偶然的规律性乃

2. 进一步的思考：心理物理关联

是基于某种更深层次的必然的东西。

以疼痛为例。在宏观层面，它通常是由伤害引起的，导致行为回避，并作为负强化发挥作用。但所有这些关联都依赖于输入和输出路径，而这些路径并不属于疼痛的必要或充分的物理条件。然而，有一个中心状态位于这些原因和结果的交汇点——原因的终点和结果的起点——我的看法是，这个状态不仅是物理的，而且具有一种主观的"内在"，这是这组原因倾向所特有的，而这些原因倾向是这种主观"内在"必然的物理表现。

或者以口渴的感觉为例，它是由脱水引起的，并导致喝水，但只能通过血容量和间质液浓度的内检测器以及运动原和感知路径的调节，尽管这些调节者既不是这种感觉本身的必要条件，也不是充分条件。然而，生物层面的条件倾向很可能以一种中心状态为基础，这种状态的倾向是生物所固有的，我所提出的一元论认为，对这种状态的物理描述是不完整的，因为处于这种状态也有某种感觉，这些倾向是其无中介的物理表达。

　　这种观点是一元论的，因为它认为在这种情况下，经验和物理状态是彼此的充分必要条件，但否认一方会导致另一方。毋宁说，经验和物理状态具有相同的原因和结果，因为它们只是单一状态的内在方面和外在方面，而纯粹的物理概念或纯粹的心理概念都不能完全描述

2.进一步的思考:心理物理关联

这种状态。

我一直在不严谨地谈论心理"状态"和物理"状态",但在任何严肃的理论中,最好是从属性的角度来思考。于是,人们会认为,经验口渴的属性与生物的某种神经生理学属性是相同的,两者之间的关系是必然的,因为这两个概念都是通过一种不同的、非偶然但不完整的描述(一个是通过其主观的心理方面,另一个则是通过其客观的物理方面)挑选出一种更基本的属性。

值得注意的是这一观点与功能主义的关系,尽管功能主义是一种通常为捍卫物理主义而提出的还原论理论,但这一观点与功能主义有着共同的结构特征。通过对心理概念进行一种功能分析或因果行为主义分析,功能主义否认意识具有不可还原的主观性。我所建议的中性一元论拒绝接受任何这样的概念还原,但仍然使用了某种类似于功能主义框架的东西,不是作为概念分析,而是作为一组关于心理现象的可观察条件和结果的熟悉事实。这些事实是我们在一种公共语言中拥有心理概念的一个可能性条件,必须用任何关于心理状态内在本质的理论来解释这些事实。根据中性一元论,自然从内部来看是心理的,从外部来看是物理的,这为功能主义理论中确认的心理状态的因果作用提供了最终解释。

我认为,希望有这种类型的理论作为

2. 进一步的思考：心理物理关联

一个长期理想是有意义的，因为它最有可能恰当处理我们所熟悉的关于意识的所有事实，所有这些事实都必须一起得到解释，无论是心理的、行为的还是神经生理学的。特别是，我认为它将优于建立在属性二元论的形而上学基础上的理论，后者必须将物理行为的神经生理学解释与心理物理定律体系结合起来，这些定律要么是互动论的（心理属性与物理属性之间的双向因果关系），要么是副现象论的——只有物理导致心理，这意味着意识没有因果作用，而只是生物的物理运作的一种副作用。

一元论将使我们能够坚持一种前理论观点，即疼痛本身使我避开了引起疼痛的东西，口渴本身促使我喝水，而不依赖于中枢神经系统核心中的心理属性与物理属性之间偶然的因果相互作用。

　　这仍然非常抽象,我并不是说我已经使这些一元论属性变得可以理解。只有在构建一种解释性理论的过程中提出这类实际概念,而对该理论的经验确证提供了此类事物存在的证据,这一点才能实现。但我想再就这样一个理论可能是什么样多说几句,特别是提出一个问题:我正在设想的那些状态是否真的会统一,而不是再次引出它们的心理方面与物理方面之间的关系问题?这个问题要求我们区分属性的真正本质的、揭示了一种内部的非偶然关系的结果与那些由纯粹偶然的外部关系所引起的结果。

2. 进一步的思考：心理物理关联

我们所有的工作概念都要求能够一般地接触到它们所指称的东西，这意味着关于一种过程或实体，或一种心理或物理属性的任何概念，都将指称与其他事物有系统关联的某种东西，使不同人能够从不同的角度来处理它。无论这种属性是流动性、热，还是疼痛，都是如此。如果没有与其他自然类的系统关联，就没有自然类。

有时候，使我们与自然类进行接触的属性是外部的、偶然的属性。正如我所说，使我们拥有公共心理概念的那些心理状态的日常行为表现就是如此。我们由以识别其他许多自然类的一些明显属性也是如此。例如，我们关于水的前科学概念挑选出了那种充满河流、湖泊和海洋并以雨的形式从天空落下的液体。这些都是水的偶然属性。然而，我们越接近这种东西本身，它的表现、影响及其与其他某些事物的关系就越直接。最终，我们达到了这种自然类本身的本质属性所直接带来的结果。水被加热时在一定温度和大气压下会沸腾，这一事实是水的分子构成以及热是分子动能的必然结果。或者举一个更基本的例子，质子的质量和电荷（没有质量和电荷它就不是质子）对其相对于有类似规定的其他粒子的行为有绝对的影响。

普通物体的明显属性，例如它们的形状、尺寸、重量、颜色和质地，已经因为它们与足够精确地指定了属性的其他事物的相互作用而产生了必然结果。我并不想说

2. 进一步的思考：心理物理关联

这些属性与这些外部关系是相同的，但结果不仅仅是偶然的。如果一个物体没有以适当的方式影响天平，在没有抵消力的情况下，它根本不会重一磅。无论事物的一种属性或类型显现的背景有多么不同，我们都必须假定这些本质关系得以保留，以确保我们谈论的是同一属性或事物。有些倾向是一个事物本质的必然结果。

然而，所有这些总体层面的关联都对物理理论层面的分析产生了影响，这种分析可以更充分地揭示这样一个物体的内在本质。从微观成分的角度进行的分析，无论其形式多么奇怪和复杂，都必须在某种程度上保持物体属性的这些外部关系。无论我们离感知和常识的世界有多远，都不能打破那种联系。

如果我们的出发点不是无生命物体的世界，而是有意识生物的世界，那么也需要类似的东西。例如，在口渴那样的情况下，主观性质和功能角色已经以我们通常识别现象的方式关联在一起。它是一种有意识的状态，通常具有某些物理原因和行为表现（以及其他心理结果）。必须发现这一状态的全部内在特性，但日常概念已经以粗略的形式包含了它是什么种类的状态，就像水这样的普通物质概念已经以粗略的形式包含了它是什么种类的东西一样，从而为进一步详细发现它的真正本质设定了可能的路径。

就水而言，那些路径已经使原子物理

2. 进一步的思考：心理物理关联

学和化学发展起来。如果我们从具身意识状态开始，那么会提出什么路径呢？假设一些像动物一样而且更小的心灵原子，在这种情况下甚至无法作为一个出发点，因为关于较大的意识主体由较小的主体所组成，就像早期的原子论者对较大的物理对象或过程由较小的物理对象或过程所组成有着非常清晰的几何概念一样，我们并没有一种连贯的想法。但是，关于对意识生物的一种分析方式的更抽象的概念（其要素将以更严格的形式保存心理实在与行为之间的关系），可以指导这一领域还原理论的发展。在更基本的层面，必定存在某种严格的内部-外部或主观-物理的联系，可以解释生物层面更不严格、更复杂的内部-外部联系。这个想法还必须包括一种全新的构成理论——关于心理或心理物理的部分和整体的理论。部分和整体未必只是若干块大脑及其较小的组分，还可以包括更复杂的扩展过程和功能。

我的猜测是，使我们拥有心理概念的意识状态与行为之间熟悉的关系，是一个明显但肤浅和偶然的真理版本，这个真理是，活跃的大脑是一个比心理或物理更为基本的过程系统的事发现场，心理与物理结合起来构成了它的物理特征和经验特征。每一个这样的子过程本身都是"心理-行为"关系的一个版本，这种关系不是偶然的，而是必然的，因为它不以任何事物为中介（例如日常行为以骨骼、肌肉和肌腱为

2. 进一步的思考：心理物理关联

中介)。

这些假设过程的结合将在更复杂的层面上不仅引起可观察的行为和功能组织，而且引起与之系统相关但不可还原为它的意识心理生活。目的是在大脑中不仅实现功能状态，而且实现完全意义上的心理状态，这意味着这种实现本身必须既是物理的，又是心理的。还原的基础必须大体保持被还原过程的特征。不仅在这里是如此，还原纯粹物理的物质、过程或力也是如此。

这种状态如果存在，则只能通过理论推理来识别；它们不能作为独立可识别的心理和物理组分的结合而被定义，而只能作为解释两者及其关系的理论的一部分来理解。

我暂且不谈这些状态可能走多深这个问题。也许它们是相对于原子或分子的属性而出现的。但如果不是，那么这种观点将意味着，构成万物的世界的基本组分既不是物理的，也不是心理的，而是某种更基本的东西。这一立场并不等同于泛心论。实际上，泛心论完全是二元论，而这完全是一元论。

如果我们把推断的一元论解释概念看成对日常心灵概念的一种净化，那么随着我们接近这个事物本身，心理-行为关联中的偶然性来源逐渐被消除，我认为我们可以抵制这样一种反对意见，即它并不具有单一属性的真正统一性，而只是经验与生

2. 进一步的思考：心理物理关联

理的一种结合。但在结束这一过分的阐述时，我必须提出一项重要警告：我认为，只有当可观察的事实（无论是心理上的还是物理上的）如果不诉诸这些统一的属性就无法解释时，或者只有当最佳解释必须诉诸这些统一的属性时，我们才有理由相信这种一元论理论为真。例如，如果只使用物理概念和物理定律，对与口渴或疼痛相关的事件的整个物理过程似乎都有同样好的解释（从物理原因到行为结果），那么就没有充分的理由认为中性一元论比属性二元论更有可能，因为心理现象是由副现象论的心理物理定律来解释的。因此我认为，心理物理一元论受制于一个相当激进的条件，即主观意识或某种需要意识的更基本的东西对于解释行为至关重要。

最后，我怀疑最有希望开始这项探索的地方是经验性的情感，无论是正面的还是负面的，那里与行为的联系最为直接。马克·索尔姆斯（Mark Solms）最近令人信服地论证说，意识经验的核心不是感知或认知，而是情感。[1]这意味着情感，无论是正面的还是负面的，对于意识都是充足的，当其他心理功能——也可以无意识地运作——是有意识的时，这是因为它们被用来为情感服务。这表明，如果有证据支持我认为我们应该寻找的那种心理物理一元论，它将以最纯粹的形式出现在生物基本情感的情况下，例如身体的快乐和痛苦，饥饿、口渴及其满足。

2. 进一步的思考：心理物理关联

我所提供的纯粹是思辨。描述这一理论的逻辑特征并不是要产生这一理论。那将需要在发现的语境下进行概念创造，使目前无法设想的东西（一种隐秘的必然联系）变得可以设想。但除非我们事先对这样的解决方案有一种不完整的概念，否则甚至连对它进行考虑都不可能。那需要我们愿意思考单一的自然现象，这一现象本身必然从内部看是主观心理的，从外部看又是客观物理的 —— 就像我们一样。

注 释

前言

[1] 两项致谢:1971年,蒂莫西·斯普里格(Timothy Sprigge)在其论文《目的因》("Final Causes", *Proceedings of the Aristotelian Society*, suppl. vol. 45)中提出,作为意识的基本条件,必定存在作为相关生物"是什么样的感觉"。法雷尔(B. A. Farrell)则在他的论文《经验》

("Experience", *Mind*, 1950) 中提出了"作为一只蝙蝠是什么样？"这个问题，尽管他没有理会唯物论的困难。当我写那篇论文的时候，我没有读过斯普里格的文章，也忘记了法雷尔的文章。

[2] Rockefeller University Press, 1976.

[3] 它最早发表于 Paul Boghossian and Christopher Peacocke, eds., *New Essays on the A Priori* (Oxford University Press, 2000)。

1. 作为一只蝙蝠是什么样?

[1] 例如 J. J. C. Smart, Philosophy and Scientific Realism (Routledge, 1963); David K. Lewis, "An Argument for the Identity

注 释

Theory, " *Journal of Philosophy* 1966; Hilary Putnam, "The Nature of Mental States"[1967], in Putnam, *Mind, Language and Reality*: *Philosophical Papers*, *vol. II* (Cambridge University Press, 1975); D. M. Armstrong, *A Materialist Theory of the Mind* (Routledge, 1968); D. C. Dennett, *Content and Consciousness* (Routledge, 1969)。我曾在"Armstrong on the Mind," *Philosophical Review* 1970; "Brain Bisection and the Unity of Consciousness," Synthese 1971; 以及对 Dennett, *Journal of Philosophy* 1972 的一篇评论中表达过之前的质疑。另见 Saul Kripke, *Naming and Necessity* [1972]

(Harvard University Press, 1980) esp. pp. 144–155；以及 M. T. Thornton, "Ostensive Terms and Materialism," *The Monist* 1972。

[2] 也许实际上不可能有这样的机器人。也许任何复杂到足以像人一样行为的东西都会有经验。但即使真是如此，这个事实也不能仅仅通过分析经验概念来发现。

[3] 它并不等同于我们坚信不疑的东西，这既是因为我们对经验并非坚信不疑，也是因为经验存在于缺乏语言和思想的动物身上，这些动物对自己的经验根本没有信念。

[4] Cf. Richard Rorty, "Mind-Body Identity,

Privacy, and Categories," *The Review of Metaphysics* 1965, esp.pp. 37–38.

[5] 我所说的"我们自己的情况"并不仅仅指"我自己的情况",而是指我们不加质疑地运用于我们自己和其他人的心灵主义概念。

[6] 因此,英语表达"what it is like"的类比形式是令人误解的。它并非是指"(在我们的经验中)它与什么相似",而是指"对于主体本身它是什么样的"。

[7] 与我们完全不同的任何有智力的地外生物。

[8] 借助于想象力超越物种之间的障碍可能比我想象的更容易。例如,盲人可以通过某种声呐,用吸气音或手杖的敲击声

来察觉他们附近的物体。一个人如果知道那是什么样,也许就能通过扩展来大致想象拥有蝙蝠那样更为精致的声呐是什么样。一个人自己与其他人和其他物种之间的距离可以落在一个连续体的任何地方。即使对于其他人来说,对作为自己是什么样的理解仅仅是部分的,当一个人转向与自己非常不同的物种时,也仍然可以获得较低程度的部分理解。想象力是非常灵活的。然而,我的观点并不是说我们不可能知道作为一只蝙蝠是什么样。我并不是在提出那个认识论问题。我的观点其实是,即使要形成关于作为一只蝙蝠是什么样的构想(更不用说知道作为一只蝙蝠是什么样),也必须采取蝙蝠的视角。如果一个人可以粗略或部分地采取蝙蝠的视角,那么他的构想也将是粗略或部分的。至少在我们目前的理解状态下是这样。

[9] 因此,我所要提出的问题是可以提的,即使更主观与更客观的描述或观点之间的区别本身只能在一个更大的人类视角下产生。我并不接受这种概念相对主义,但为了表明其他情况下常见的主观到客观的模型并不能容纳心理物理还原,也不需要反驳它。

[10] 问题并不只是当我看《蒙娜·丽莎》这幅画时,我的视觉经验具有某种性质,某个人往我大脑里面看,将不会找到这种经验的任何痕迹。因为即使他确

实在那里观察到了蒙娜·丽莎的一幅小像，他也没有理由把它与这种经验等同起来。

[11] 因此，这种关系不会像因果关系那样是偶然的。某种物理状态必然会有某种感觉。索尔·克里普克（Saul Kripke）在《命名与必然性》（*Naming and Necessity*）一书中指出，因果行为主义者和相关的心理分析之所以失败，是因为他们将例如"疼痛"解释为疼痛的一个纯粹偶然的名称。经验的主观性（克里普克称之为"其直接的现象学性质"[p.152]）是这种分析所遗漏的本质属性，也是它必然是经验的原因。我的观点与他的观点密切相关。与克

里普克一样,我发现,如果不作进一步的解释,那么某个大脑状态必然具有某种主观性这一假说是不可理解的。从将心-脑关系视为偶然的理论中并没有出现这种解释,但也许还有其他尚未发现的替代方案。一种对心-脑关系何以是必然的做出解释的理论,仍然会给我们留下克里普克的问题,即为什么它看起来仍然是偶然的。在我看来,通过以下方式,这个困难是可以克服的。我们可以通过感知、同情或象征的方式向我们自己再现,以想象某种东西。我不会试图说明象征性的想象是如何运作的,但在其他两种情况下发生的部分情况是这样的。为了从感知上想象某个事物，我们把自己置于一种类似于我们感知到它时的意识状态。为了同情地想象某个事物，我们把自己置于一种类似于这个事物本身的意识状态。（这种方法只能用于想象心理事件和状态 —— 我们自己的或他人的。）当我们试图想象一种心理状态在没有相关大脑状态的情况下发生时，我们首先同情地想象这种心理状态的发生：也就是说，我们把自己置于一种在心理上与之相似的状态。与此同时，我们试图通过将自己置于与第一种状态无关的另一种状态来感知相关物理状态的不发生：一种类似于我们感知到物理状态不发生时所处的状态。当对物理特征的想象是感知的,而对心理特征的想象是同情的时候,在我们看来,我们可以想象任何没有相关大脑状态的经验,反之亦然。由于不同类型的想象的独立性,它们之间的关系即使是必然的,也会显得偶然。(顺便说一句,如果一个人误解了同情的想象,就好像它像感知的想象一样起作用,那么就会产生唯我论:于是,似乎不可能想象任何不是自己经验的经验。)

[12] 参见 "Mental Events" [1970], in Davidson, *Essays on Action and Events* (Oxford University Press, 1980), 尽管我不懂反对心理物理定律的论证。

[13] 类似的说法也适用于我的论文 "Physicalism," *Philosophical Review* 1965。

[14] 这个问题也处于"他心问题"的核心,它与心身问题的密切联系常常被忽视。如果一个人理解主观经验如何可能具有一种客观性,他就会理解除自己之外的主体的存在。

[15] 我还没有对"物理"一词做出定义。显然,它不仅仅适用于当代物理学概念所能描述的东西,因为我们期待着进一步的发展。有些人也许认为,没有什么可以阻止心理现象最终被视为物理现象。但无论对物理现象还有什么看法,它都必须是客观的。因此,如果我们对物理现象的理解能够扩展到

把心理现象包括在内,那么就必须赋予它们一种客观特征,无论做到这一点是否是通过已被视为物理的其他现象来分析它们。然而在我看来,更有可能的是,心理-物理关系最终将以一种理论来表达,而这种理论的基本术语不能明确归入这两个范畴中的任何一个。

2. 进一步的思考:心理物理关联

[1] Mark Solms, *The Hidden Spring: A Journey to the Source of Consciousness* (Norton, 2021).

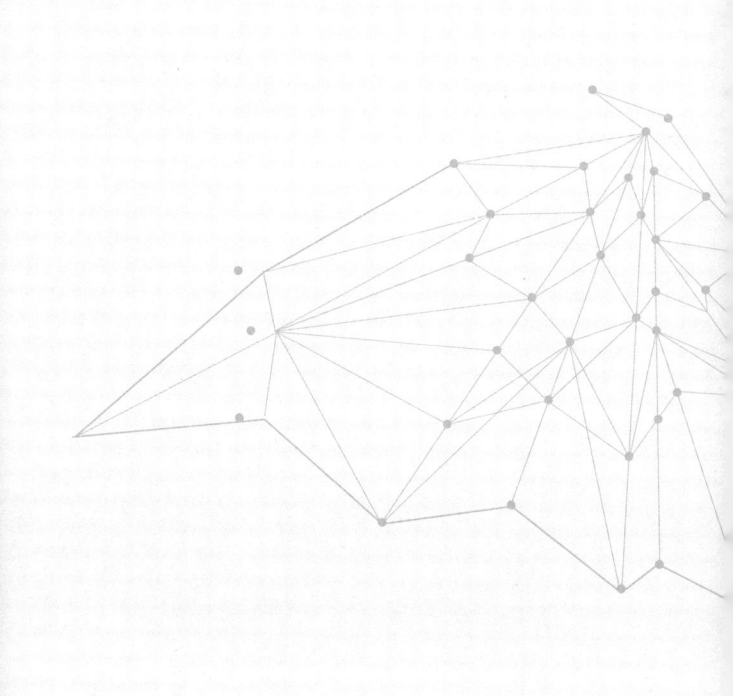